Loicy Vhivien **MISSIE-TCHOUMOU**

Le Temps du retour

Loicy Vhivien MISSIE-TCHOUMOU

Le Temps du retour

L'appel à l'église du dernier temps: Révélation

Éditions Croix du Salut

Imprint

Any brand names and product names mentioned in this book are subject to trademark, brand or patent protection and are trademarks or registered trademarks of their respective holders. The use of brand names, product names, common names, trade names, product descriptions etc. even without a particular marking in this work is in no way to be construed to mean that such names may be regarded as unrestricted in respect of trademark and brand protection legislation and could thus be used by anyone.

Cover image: www.ingimage.com

Publisher:
Éditions Croix du Salut
is a trademark of
Dodo Books Indian Ocean Ltd. and OmniScriptum S.R.L publishing group

120 High Road, East Finchley, London, N2 9ED, United Kingdom
Str. Armeneasca 28/1, office 1, Chisinau MD-2012, Republic of Moldova, Europe
Managing Directors: Ieva Konstantinova, Victoria Ursu
info@omniscriptum.com

Printed at: see last page
ISBN: 978-620-6-17142-3

Introduction : Le Retour des Temps

L'heure approche, et l'Éternel, dans sa grande sagesse, nous rappelle que le temps n'est pas celui que nous mesurons sur terre, mais celui qu'Il a établi depuis avant la fondation du monde. Les échos de cette vérité résonnent dans les âmes qui sont prêtes à entendre, non pas les bruits du monde, mais les murmures du ciel.

Ce livre n'est pas un simple récit d'événements passés ou de promesses lointaines. Il est une invitation urgente à se préparer pour l'œuvre divine qui se déroule sous nos yeux, bien au-delà des évidences visibles. L'Éternel, qui a traversé les âges, travaille en silence, mais Ses desseins sont sur le point de se manifester dans une gloire qui dépasse notre compréhension.

Il est facile de se perdre dans le tumulte des jours, de se laisser séduire par les illusions du monde. Cependant, ce livre nous appelle à regarder au-delà des nuages de confusion, à lever les yeux vers les réalités spirituelles qui nous entourent. Le retour de notre Seigneur ne sera pas une simple apparition, mais une œuvre totale qui bouleversera les fondements de la terre. Il viendra, et avec Lui, l'accomplissement des promesses faites aux croyants depuis les âges anciens.

Il est écrit que des églises se lèveront, des hommes et des femmes se lèveront dans la vérité pour porter un message pur et saint. Mais quelle église sera prête pour Son retour ? Qui parmi nous se tiendra debout, sans compromis, dans la foi qui a été donnée aux saints dès le commencement ? Ce n'est pas un appel à une simple moralité humaine, mais à une transformation profonde de l'âme, à une préparation spirituelle où la prière, la pureté et la fidélité deviennent des armes pour résister aux tentations de ce monde.

Ce livre est un miroir, un guide et une alerte. Il n'est pas là pour faire de l'éphémère un centre d'attention, mais pour rappeler que l'Œuvre du Seigneur continue aujourd'hui, dans nos cœurs, dans nos églises, dans chaque prière sincère. Si le monde semble égaré, si l'église semble diluée dans des doctrines erronées, sachez que l'appel à la repentance, à la foi et à la préparation reste aussi vivant que jamais.

Le Maître nous observe, Il connaît les cœurs, et Son retour est imminent. Ce livre est un appel à la vigilance et à la préparation intérieure, car l'heure du retour approche, et il ne dépend que de nous d'être prêts. Le sablier s'écoule rapidement, et seul celui qui se tient fermement dans la foi de Christ verra la gloire du Père.

L'histoire des siècles nous parle de promesses, mais la véritable question demeure : sommes-nous prêts à recevoir ce qui est à venir ? Ce livre est l'alerte, l'invitation à aligner nos vies sur les principes divins, à marcher dans l'obéissance et la vérité, afin de ne pas être pris au dépourvu lorsque l'Éternel viendra dans toute Sa gloire.

LIVRE DU TEMPS DU RETOUR

Chapitre 1 : L'appel au Retour

1. Ainsi parle l'Éternel : « Le temps est venu, le moment est arrivé. Ceux qui ont été égarés doivent se tourner vers Moi. »

2. L'Église, unie dans la foi, s'est détournée de Ma voie, oubliant les chemins anciens que j'ai tracés pour elle.

3. Le Seigneur dit : « Je vous attends. Venez de loin, vous qui êtes égarés. Levez les yeux vers les cieux et cherchez la vérité dans l'intimité de vos cœurs. »

4. Car je n'ai pas oublié mon peuple, ni mes promesses faites à Abraham, à Isaac, et à Jacob. Il est temps pour vous de revenir dans ma lumière.

Chapitre 2 : Le retour de l'Église à sa pureté

1. Le Seigneur dit : « Vous avez perdu votre première ardeur, vous vous êtes relâchés dans votre foi. J'ai vu vos œuvres et j'ai entendu vos prières, mais elles sont devenues froides et vaines. »

2. Revenez à Moi dans l'humilité, dans la pureté du cœur, et Je vous restaurerai. Je vous purifierai de toutes vos fautes.

3. Car il est dit : « Le Saint-Esprit agit dans l'intimité de l'âme, mais vous L'avez mis à l'écart pour écouter les doctrines des hommes. »

4. Laissez-le vous réchauffer à nouveau, il vous guidera dans toute la vérité, et vous connaîtrez la voie de la justice.

Chapitre 3 : La persécution et l'épreuve du temps

1. « Vous souffrirez comme l'Église d'antan », dit l'Éternel. « Car les ténèbres se sont multipliées et ceux qui suivent la vérité seront rejetés. »

2. Mais souvenez-vous de ce qui est écrit : « Ceux qui persévéreront jusqu'à la fin seront sauvés. »

3. Les épreuves purifieront votre foi, et chaque épreuve est un moyen de grandir et de vous préparer pour le retour de votre Seigneur.

4. Ainsi, soyez prêts, non seulement de cœur, mais aussi dans vos actions, pour que vous soyez trouvés irréprochables au jour de Ma venue.

Chapitre 4 : Le réveil des âmes et la repentance

1. L'Éternel dit : « J'appelle à la repentance ceux qui ont abandonné le chemin. Je ne veux pas la mort du pécheur, mais qu'il se détourne de ses mauvaises voies. »

2. Le cri du Seigneur est comme le vent qui souffle sur la terre, appelant les âmes perdues à revenir à Lui.

3. Venez, déposez vos fardeaux devant Moi. Je vous pardonne, car Mon amour est plus grand que toutes vos transgressions.

4. Je vous rétablirai, vous qui avez été brisés, et vous serez témoins de ma gloire. La terre sera remplie de l'amour de Dieu.

Chapitre 5 : L'annonce de la nouvelle ère

1. « Un temps nouveau viendra », déclare l'Éternel. « Il ne sera pas comme le précédent, mais une ère de paix et de justice. »

2. À ceux qui auront persévéré, Je leur donnerai de régner avec Moi sur un nouveau ciel et une nouvelle terre.

3. Les justes seront dans la lumière, et leurs vies seront un témoignage de Ma fidélité. Vous verrez que tout est possible en Moi.

4. Soyez prêts à accueillir cette ère, car le Seigneur a parlé, et ce qu'il a dit s'accomplira.

Chapitre 6 : La restauration de la gloire divine

1. « Le temps est venu où Ma gloire se manifestera sur ceux qui cherchent Ma face », dit l'Éternel. « Ceux qui se sont humiliés dans la prière, ceux qui attendent Ma venue, auront leur part dans cette gloire. »

2. L'Église, qui était autrefois éclatante, est aujourd'hui comme une lampe éteinte. Mais Je rallumerai cette flamme dans le cœur de ceux qui Me cherchent.

3. Vous serez témoins d'une gloire nouvelle, mais cette gloire ne sera pas de cette terre; elle viendra du ciel et remplira vos âmes de Ma lumière.

4. Comme il est écrit dans le livre de Baruch 4:36 : « Voici, tes fils viennent, qu'ils sont venus d'un lieu lointain. Ils sont prêts à retourner à la cité sainte. »

5. Que ceux qui ont soif de Ma présence s'approchent et boivent de l'eau vive que Je donnerai. Car, comme il est écrit : « Quiconque croit en Moi, des fleuves d'eau vive couleront de son sein. »

Chapitre 7 : La purification du cœur de l'Église

1. L'Éternel dit : « Il est écrit que Je purifierai Mon temple. Et Mon temple, c'est vous. Car vous êtes le temple du Saint-Esprit. »

2. Vous avez laissé entrer en vous la souillure, les fausses doctrines et l'immoralité. Vous avez permis à la confusion de régner dans vos cœurs.

3. Mais, Moi, l'Éternel, Je purifierai ceux qui se tournent vers Moi. Je ferai briller la lumière de Ma sainteté dans vos vies. Purifiez vos cœurs, car Je viendrai comme un feu pour vous raffiner.

4. « Vous serez comme l'or, comme l'argent », dit le Seigneur. « Je vous purifierai, vous serez un peuple pur, un peuple que Je sanctifierai pour Ma gloire. »

5. Et ainsi, comme l'a proclamé le prophète Sophonie 3:9 : « Alors Je changerai les peuples en un langage pur, afin qu'ils invoquent tous le nom de l'Éternel et le servent tous sous un même joug. »

Chapitre 8 : La révélation des voies de Dieu

1. « Mes voies sont plus hautes que vos voies, et Mes pensées plus hautes que vos pensées », déclare l'Éternel.

2. Vous cherchez des réponses, vous demandez pourquoi le mal persiste dans le monde, pourquoi la souffrance semble sans fin. Mais Je vous dis, Mes enfants : « Ceux qui cherchent Ma face trouveront des réponses dans la révélation que Je vous donne. »

3. Le monde dans lequel vous vivez est sous l'influence de ténèbres, mais Je vous envoie Ma lumière pour briller dans ce monde. Vous ne comprendrez pas tout de suite, mais ne perdez pas espoir. Le Saint-Esprit vous conduira dans toute la vérité.

4. Ce qui est caché sera révélé, et ceux qui persistent dans la vérité seront les témoins de la gloire de Dieu.

5. Comme il est écrit dans Tobie 13:6 : « Si vous tournez votre cœur vers Lui, vous serez un peuple purifié, car Il vous accordera sa miséricorde. »

Chapitre 9 : Le temps de l'unité et de la fraternité retrouvées

1. L'Éternel dit : « Vous êtes un corps, un peuple choisi. Je vous appelle à l'unité. Il n'y a ni Juif, ni Grec, ni homme, ni femme, ni esclave, ni libre, mais tous vous êtes un en Christ Jésus. »

2. Ce monde vous divise, mais Mon Église doit être unie dans l'amour et la vérité. Les divisions et les querelles doivent cesser, car elles ne sont pas de Moi.

3. Vous êtes appelés à vous aimer les uns les autres, à marcher ensemble dans la paix. Quand vous serez unis, la gloire de Dieu se manifestera parmi vous.

4. Il est écrit : « Là où deux ou trois sont assemblés en Mon nom, Je suis au milieu d'eux. » Soyez unis, non seulement dans les grands rassemblements, mais dans vos maisons, dans vos vies de tous les jours.

5. L'évangile de l'unité a été annoncé dans Tobie 14:10 : « Et vous serez rassemblés sous une même foi, un même Dieu, dans la gloire du Père et du Fils, pour la manifestation de l'Esprit. »

Chapitre 10 : Le retour de la foi pure

1. Le Seigneur dit : « La foi a faibli dans les cœurs de beaucoup, mais ceux qui reviendront à Moi dans la vérité retrouveront une foi plus grande, une foi pure et vivante. »

2. Ne vous laissez pas détourner par les vents de doctrine, ne soyez pas influencés par des paroles pleines de vanité. Recherchez la vérité dans Ma Parole et dans l'enseignement du Saint-Esprit.

3. Celui qui cherche sincèrement Ma face recevra une foi inébranlable. Comme il est écrit : « La foi vient de ce qu'on entend, et ce qu'on entend vient de la Parole de Christ.»

4. Que ceux qui doutent dans leurs cœurs se tournent vers Moi. Je vous donnerai la foi qui déplace les montagnes, la foi qui triomphe du mal, la foi qui apporte la guérison et la restauration.

5. Ainsi, comme le prophète Ézéchiel 37:9 le disait : « Esprit, viens des quatre vents, souffle sur ces morts, afin qu'ils vivent. »

Chapitre 11 : L'avertissement et l'appel à la vigilance

1. « Veillez donc, car vous ne savez pas à quelle heure votre Seigneur viendra », déclare l'Éternel. « L'heure de Ma venue est proche, mais elle ne sera pas comme vous l'attendez. »

2. Ne vous laissez pas prendre par les distractions de ce monde. Soyez comme des serviteurs fidèles, prêts à recevoir le Seigneur dans l'heure où Il viendra.

3. Vous ne pouvez pas connaître le jour ni l'heure, mais vous pouvez préparer vos cœurs et vos vies pour Sa venue.

4. Soyez vigilants, car beaucoup s'égareront dans les derniers temps. L'esprit de tromperie se répandra sur ceux qui ne sont pas enracinés dans Ma vérité.

5. Et c'est ce que le livre de 2 Esdras 15:57 prophétise : « Les anges se prépareront pour la grande bataille, et ceux qui demeurent dans l'impureté seront rejetés dans la géhenne. »

Chapitre 12 : Le Cri du Retour de l'Époux

1. « Voici, l'Époux arrive, préparez-vous à Sa venue ! » s'écria l'ange dans les cieux. « Il n'est plus temps de tergiverser, le jour de Sa gloire approche. »

2. Ce n'est pas un cri d'alarme fait par les hommes, mais un cri venant du ciel, un cri que les cieux entendent et que la terre doit entendre.

3. "Soyez prêts", déclare l'Éternel, "et que vos lampes soient allumées, car l'Époux viendra à l'heure où vous ne Le penserez pas."

4. L'église, qui dormait, se réveille sous le souffle du Saint-Esprit, qui, comme un vent puissant, a soufflé sur ses membres endormis.

5. Il est écrit dans Tobie 13:13 : « Réjouissez-vous, vous qui êtes les élus du Seigneur, car le moment de la bénédiction éternelle est proche. »

6. Comme il est écrit dans Matthieu 25:6 : « Au milieu de la nuit, un cri se fit entendre: Voici l'Époux, sortez à sa rencontre ! »

Chapitre 13 : L'Ange des Nations et la Fin des Maux

1. Et l'Ange des Nations parla, disant : « Il est temps de juger les nations selon leurs œuvres. Vous avez semé dans la corruption, vous récolterez dans la malédiction. »

2. La Terre a été en proie à des tourments. Les peuples ont ignoré le cri du Seigneur, ont persécuté ceux qui portaient Sa lumière, ont marché dans les ténèbres de leurs propres cœurs.

3. « Vous avez idolâtré vos œuvres, adoré vos créations, et Vous avez rejeté le Créateur. Mais le temps des jugements est venu. »

4. « Mes yeux ont vu la malice des nations, et Mes oreilles ont entendu leurs blasphèmes. C'est pourquoi Je vais faire éclater Ma justice parmi vous. »

5. Et dans le livre Tobie 13:16, il est écrit : « Regarde les peuples de la terre, et réjouis-toi, car ton Dieu viendra avec eux pour rétablir Sa gloire parmi les nations. »

6. Il est aussi écrit dans 2 Esdras 6:28 : « Car lorsque les temps viendront, Je détruirai ceux qui ont asservi les nations et ceux qui ont marché dans l'iniquité. »

Chapitre 14 : La Réconciliation avec le Père

1. L'Éternel parle et dit : « Revenez à Moi, vous tous qui avez péché contre Moi ! Car je suis un Dieu de miséricorde et de bonté, et Je vous pardonnerai si vous revenez de tout cœur. »

2. Le temps de la réconciliation est arrivé, car Je ne veux pas que vous périssiez dans vos iniquités, mais que vous viviez dans la paix avec Moi.

3. « Le sang de l'Agneau a couché sur l'autel pour vous purifier. Ne laissez pas cette offrande être vaine, mais recevez Ma grâce et revenez à la repentance. »

4. Vous êtes appelés à être sanctifiés par la foi en Jésus-Christ, qui est l'unique médiateur entre l'homme et le Père.

5. L'œuvre de réconciliation est le sommet de Ma gloire. C'est par cette réconciliation que vous serez sauvés, non par vos œuvres, mais par Mon sacrifice.

6. Il est écrit dans Tobie 13:11 : « Tournez-vous vers Lui, vous qui avez été dispersés, et vous trouverez la paix et la réconciliation dans la gloire de Son nom. »

7. Comme dans 2 Corinthiens 5:18 : « Tout cela vient de Dieu, qui nous a réconciliés avec Lui par Jésus-Christ, et qui nous a donné le ministère de la réconciliation. »

Chapitre 15 : Le Combat Spirituel et la Victoire Finale

1. « Ne croyez pas que le chemin soit facile, car le royaume des cieux est réservé à ceux qui endurent jusqu'à la fin », déclare l'Éternel.

2. Le monde entier est sous l'emprise de la confusion et du mensonge, mais ceux qui tiennent ferme verront la gloire du Seigneur.

3. « Vous êtes dans une guerre spirituelle. Le combat n'est pas contre la chair et le sang, mais contre les puissances de ténèbres et les autorités spirituelles dans les lieux célestes. »

4. Tenez ferme dans la foi, revêtez toute l'armure de Dieu, car c'est par la prière, la parole et l'obéissance que vous serez victorieux.

5. Vous marcherez dans la victoire, non par vos forces, mais par Ma puissance. Car il est écrit dans Tobie 13:15 : « La victoire est à ceux qui sont fidèles et qui persistent dans la vérité. »

6. Soyez courageux et affermis, car celui qui combat pour Ma gloire ne sera pas vaincu. Vous êtes plus que vainqueurs en Christ.

Chapitre 16 : Le Nouveau Ciel et la Nouvelle Terre

1. « Le temps de la fin arrivera, mais je ferai un nouveau ciel et une nouvelle terre. » dit le Seigneur. « Il n'y aura plus de souffrance ni de pleurs, car Je serai votre Dieu et vous serez Mon peuple. »

2. « Celui qui vaincra hérite de tout, et Je serai son Dieu et il sera Mon fils. » Tel est l'héritage des vainqueurs, ceux qui ont été fidèles jusqu'à la fin.

3. Il n'y aura plus de mal, de péché, ni de mort. La gloire de Dieu brillera sur vous comme un soleil éclatant, et vous vivrez dans Sa paix éternelle.

4. L'ancienne Terre passera, mais voici la promesse de Ma Nouvelle Jérusalem, une ville sainte, préparée comme une fiancée ornée pour son époux.

5. Et il est écrit dans Tobie 13:18 : « La gloire de la ville sera éclatante, car Je résiderai parmi vous et Ma lumière illuminera les cieux et la terre. »

6. « Ce que Je fais est nouveau. Tenez-vous prêts, car le jour de Ma nouvelle création est proche. »

LE LIVRE 2 : DE LA PURIFICATION ET DE LA SAINTE TRANSFORMATION

Chapitre 1 : Le Temps de la Purification

1. Ainsi parle l'Éternel : « Avant que la gloire ne se révèle, la purification doit avoir lieu. Tout ce qui est souillé sera épuré, tout ce qui est impur sera sanctifié. »

2. Car il est écrit dans Zacharie 13:9 : « Je ferai passer un tiers au feu, et je les purifierai comme on purifie l'argent, et je les éprouverai comme on éprouve l'or. »

3. Le Seigneur viendra dans Sa sainteté pour séparer ce qui est pur de ce qui est impur. Il n'y a pas de place pour l'impureté dans le royaume de Dieu.

4. « Purifiez-vous, car le temps du jugement commence par la maison de Dieu », déclare l'Éternel.

5. Le feu de l'Esprit Saint passera parmi vous et purgera vos cœurs de toute souillure, de toute idolâtrie et de toute hypocrisie.

6. Vous serez éprouvés dans l'affliction, mais cela n'est qu'un moyen pour que vous soyez prêts pour la gloire qui doit apparaître.

Chapitre 2 : Le Sacrifice de la Pureté

1. « Celui qui veut Me suivre doit prendre sa croix chaque jour et se sacrifier pour la pureté de Mon nom », dit l'Éternel.

2. Tout sacrifice est agréable à Dieu s'il vient du cœur pur. La purification commence à l'intérieur et se reflète dans les actions extérieures.

3. Ne vous laissez pas tromper par les apparences, car ce n'est pas ce qui entre dans la bouche qui souille l'homme, mais ce qui en sort de son cœur.

4. « Je ne veux pas de sacrifices d'animaux, mais des cœurs brisés et contrits, dit le Seigneur. Offrez vos vies comme un sacrifice vivant, saint et agréable à Dieu. »

13

5. Dans Ézéchiel 36:25 il est écrit : « Je répandrai sur vous de l'eau pure, et vous serez purifiés ; Je vous purifierai de toutes vos souillures et de tous vos idoles. »

6. Seul le Saint-Esprit peut accomplir cette purification, et vous serez transformés par le renouvellement de votre esprit. Celui qui se sanctifie par l'Esprit Saint aura part à la vie éternelle.

Chapitre 3 : Le Processus de la Transformation

1. « Je fais toute chose nouvelle », déclare le Seigneur. « Je ne vous laisse dans l'ancien, mais Je vous conduis dans le neuf, par Ma puissance et Ma volonté. »

2. « Tout ce qui a été vieux et dégradé en vous sera remplacé par la pureté de Ma lumière. Vous serez transformés à l'image de Ma gloire, non par vos efforts, mais par la puissance de Ma parole. »

3. Ainsi, vous ferez l'expérience du renouvellement de l'esprit. Ce n'est pas un changement superficiel, mais une véritable transformation de cœur, d'âme et d'esprit.

4. « Si quelqu'un est en Christ, il est une nouvelle créature ; les choses anciennes sont passées, voici toutes choses sont devenues nouvelles », dit l'Éternel.

5. En ce temps-là, vous comprendrez que Ma transformation ne touche pas seulement votre être intérieur, mais affecte également la manière dont vous interagissez avec le monde.

6. Et dans Romains 12:2 il est écrit : « Ne vous conformez pas au siècle présent, mais soyez transformés par le renouvellement de votre esprit, afin que vous discerniez quelle est la volonté de Dieu, ce qui est bon, agréable et parfait. »

Chapitre 4 : La Sanctification Continue

1. La sanctification n'est pas un acte ponctuel, mais un processus continu. « Soyez saints, car Je suis saint », dit le Seigneur.

2. La purification ne se fait pas une seule fois, mais chaque jour vous devez être purifiés par la prière, la repentance, et l'écoute attentive de Ma parole.

3. « Vous êtes appelés à être des instruments de Ma justice, et Je vous sanctifierai dans votre quotidien, dans vos paroles, vos pensées et vos actions. »

4. Vous devrez vous séparer du monde et ne pas marcher dans les voies de la débauche, de l'impureté et des convoitises. Ne laissez pas vos âmes se souiller par les pratiques et les pensées mondaines.

5. Le Seigneur dit : « Lavez-vous, purifiez vos cœurs, car Je viens pour une Église sans tâche ni ride. »

6. Dans 1 Pierre 1:15-16, il est écrit : « Mais, comme celui qui vous a appelés est saint, soyez vous-mêmes saints dans toute votre conduite, puisque qu'il est écrit : Vous serez saints, car Je suis saint. »

Chapitre 5 : La Gloire de la Transformation

1. Quand vous serez pleinement transformés, vous témoignerez de Ma gloire sur la terre. Vous serez des lumières qui brillent dans un monde de ténèbres.

2. « Ne cachez pas la lumière qui est en vous. Laissez-la briller pour que tous voient vos bonnes œuvres et rendent gloire à Votre Père qui est dans les cieux. »

3. Ceux qui persévèrent dans la transformation auront part à la gloire céleste, là où il n'y a plus de péché, plus de souffrance, mais une paix éternelle.

4. Le Seigneur dit : « Vous serez dans Ma gloire, car vous aurez surmonté les ténèbres, et vous serez des témoins de Ma grâce infinie. »

5. La purification et la transformation ne sont pas seulement pour ce monde, mais pour le monde à venir. La perfection viendra en Christ.

6. Il est écrit dans 1 Jean 3:2 : « Bien-aimés, nous sommes maintenant enfants de Dieu, et ce que nous serons n'a pas encore été manifesté ; mais nous savons que, lorsqu'il apparaîtra, nous serons semblables à lui, car nous le verrons tel qu'il est. »

Chapitre 6 : La Joie de la Pureté Accomplie

1. « Bienheureux ceux qui ont un cœur pur, car ils verront Dieu », dit le Seigneur. C'est dans la pureté de cœur que la véritable joie s'épanouit.

2. C'est une joie qui ne dépend pas des circonstances extérieures, mais de la paix profonde qui habite dans l'âme purifiée.

3. La pureté ne réside pas seulement dans les actions visibles, mais dans la motivation intérieure de chaque croyant. Vous serez heureux dans votre cœur quand vous vivrez selon Ma volonté.

4. La pureté apportera la paix, la lumière et la vraie sagesse. Ceux qui sont purs dans leur cœur connaissent la vérité et marchent dans la sagesse divine.

5. Et dans Matthieu 5:8, il est écrit : « Heureux ceux qui ont un cœur pur, car ils verront Dieu. »

6. Que ceux qui recherchent la pureté dans l'amour de Dieu trouvent la joie inaltérable qui ne s'éteindra jamais, même dans les épreuves de ce monde.

LE LIVRE 3 : DE L'UNITE ET DE LA RECONCILIATION

Chapitre 1 : Le Commandement de l'Unité

1. « Voici, comme il est bon et agréable pour des frères de demeurer ensemble dans l'unité ! » dit l'Éternel.

2. L'unité est la volonté de Dieu pour Son peuple, car dans l'unité réside la puissance de Son Esprit, et là où il y a l'unité, Dieu envoie Sa bénédiction et la vie éternelle.

3. Le Seigneur a dit : « Vous êtes un corps, et vous formez un seul esprit en Christ. Ne laissez pas les divisions vous éloigner, mais vivez dans la paix et l'amour les uns envers les autres. »

4. « L'amour est la clé de l'unité. Soyez prêts à vous pardonner et à vous accepter, comme je vous ai pardonnés et vous ai acceptés. »

5. Il est écrit dans Éphésiens 4:3 : « Efforcez-vous de conserver l'unité de l'Esprit par le lien de la paix. »

6. Ceux qui marchent dans l'amour ne vivront pas dans la division, mais chercheront toujours à se réconcilier, à se soutenir et à encourager l'unité dans le Corps de Christ.

Chapitre 2 : La Réconciliation avec Dieu

1. La réconciliation commence avec Dieu. « Soyez réconciliés avec Dieu », déclare l'Éternel, car sans la paix avec le Père, il n'y a pas de véritable paix avec les hommes.

2. Le péché a créé une barrière entre l'humanité et Dieu, mais le sacrifice du Christ sur la croix a ouvert un chemin vers la réconciliation. « C'est par Sa grâce que nous avons été réconciliés avec Dieu », dit l'Écriture.

3. La réconciliation avec Dieu est l'œuvre de Jésus-Christ, et il n'y a pas d'autre chemin pour y parvenir. Par Lui, nous avons l'accès au Père. « En Christ, nous avons la paix, et en Lui nous sommes un avec Dieu. »

4. Le Seigneur a dit : « Nul ne vient au Père que par Moi » (Jean 14:6). La réconciliation est en Christ seul.

5. « Mais maintenant, en Jésus-Christ, vous, qui étiez jadis éloignés, vous êtes devenus proches par le sang de Christ. »

6. Tout croyant doit accepter cette réconciliation et vivre dans la paix de Dieu, marchant dans la lumière et dans la vérité.

Chapitre 3 : La Réconciliation entre Frères et Sœurs

1. « Si quelqu'un a un différend avec son frère, qu'il ne laisse pas le soleil se coucher sur sa colère », dit le Seigneur.

2. L'unité du Corps de Christ nécessite la réconciliation entre les membres. « Soyez prêts à vous pardonner les uns les autres, comme Christ vous a pardonnés. »

3. Dans Matthieu 5:24, il est écrit : « Si donc tu présentes ton offrande sur l'autel, et que là tu te souviennes que ton frère a quelque chose contre toi, laisse ton offrande là devant l'autel, va d'abord te réconcilier avec ton frère, puis viens présenter ton offrande.»

4. La réconciliation ne doit pas être retardée. Le Seigneur a dit : « Si ton frère te blesse, va vers lui en toute humilité et cherche la paix, car la paix est le fruit de la réconciliation. »

5. Le Seigneur veut que Son Église soit unie, non divisée par des rancœurs ou des conflits. Cherchez à restaurer la communion, à tendre la main vers l'autre et à vivre dans l'amour de Christ.

6. « Soyez en paix les uns avec les autres. Ne vous laissez pas envahir par les rancunes, mais sachez qu'en Christ, la véritable paix règne. »

Chapitre 4 : Le Pouvoir de la Prière dans l'Unité

1. Là où deux ou trois sont assemblés en Mon nom, Je suis là au milieu d'eux, dit le Seigneur.

2. L'unité dans la prière est d'une puissance incomparable. Quand le peuple de Dieu s'unit dans la prière, les chaînes sont brisées et les portes du ciel s'ouvrent.

3. « Demandez et vous recevrez ; cherchez et vous trouverez ; frappez, et l'on vous ouvrira », dit Jésus. La prière commune crée une unité spirituelle qui touche le cœur de Dieu.

4. L'Église doit être unie dans la prière, car là où il y a l'unité, le Seigneur répand Son Esprit et apporte guérison, restauration et bénédictions.

5. Dans Actes 1:14, il est écrit : « Tous d'un commun accord persévéraient dans la prière, avec les femmes, et Marie, la mère de Jésus, et avec ses frères. »

6. Le Seigneur veut que Son Église soit unie dans la prière, car là se trouve la force pour vaincre l'ennemi et avancer dans Sa volonté divine.

Chapitre 5 : L'Unité dans la Diversité

1. Dans le Corps de Christ, il y a plusieurs membres, mais tous sont un. « Le pied ne peut pas dire à la main : Je n'ai pas besoin de toi », dit l'Éternel.

2. L'unité ne signifie pas uniformité. Dieu a créé chaque membre avec des dons différents, mais tous doivent travailler ensemble pour accomplir Son œuvre.

3. « Chacun selon le don qu'il a reçu, exerce-le pour servir les autres, comme de bons intendants de la grâce multiforme de Dieu. »

4. Dans 1 Corinthiens 12:4-6, il est écrit : « Il y a diversité de dons, mais le même Esprit ; diversité de ministères, mais le même Seigneur ; diversité d'activités, mais c'est le même Dieu qui opère tout en tous. »

5. Les croyants doivent s'accepter dans leur diversité et reconnaître que chacun a un rôle unique dans l'édification du Corps de Christ. Que la diversité devienne une richesse pour l'Église.

6. « L'unité ne consiste pas à être tous semblables, mais à être unis par l'amour et la volonté de servir Dieu ensemble. »

Chapitre 6 : Le Royaume de Dieu et l'Unité Eternelle

1. « Il n'y a ni juif, ni grec, ni esclave, ni libre, ni homme, ni femme, car vous êtes tous un en Christ Jésus », dit l'Éternel.

2. Le royaume de Dieu est un royaume d'unité, où toutes les nations, tribus et langues se rassemblent sous la bannière de Christ.

3. Dans Apocalypse 7:9, il est écrit : « Après cela, je vis une grande foule que personne ne pouvait compter, de toutes les nations, tribus, peuples et langues, qui se tenaient devant le trône et devant l'Agneau, vêtu de robes blanches et de palmes dans leurs mains. »

4. Dans ce royaume, il n'y a plus de divisions, plus de conflits. L'unité des croyants est totale, fondée sur l'amour inaltérable de Dieu.

5. L'Église, dans l'unité parfaite, témoignera de l'amour de Dieu et sera la lumière pour le monde, attirant toutes les nations vers le Père.

6. « L'unité dans l'Église sur la terre est une préparation pour l'unité dans le royaume éternel de Dieu. »

LE LIVRE DE LA PURIFICATION DU CŒUR

Chapitre 1 : La Pureté du Cœur, Condition de l'Entrée dans le Royaume

1. Heureux ceux qui ont le cœur pur, car ils verront Dieu, dit le Seigneur.

2. La pureté du cœur est la condition pour ceux qui veulent être proches de Dieu. Ceux qui se purifient intérieurement recevront une vision claire de Sa vérité.

3. « Purifiez vos cœurs, vous qui avez l'esprit double », dit l'Éternel. Que ceux qui sont dans la duplicité se tournent vers le Seigneur pour recevoir une transformation intérieure.

4. Dans Matthieu 5:8, il est écrit : « Heureux ceux qui ont le cœur pur, car ils verront Dieu. »

5. Seul un cœur pur peut percevoir la lumière divine et vivre pleinement dans la sanctification. L'amour de Dieu purifie et transforme chaque pensée et action.

6. « Lavez-vous, purifiez-vous, ôtez de devant mes yeux la malice de vos actions », dit le Seigneur. La purification est nécessaire pour voir Dieu dans Sa gloire.

Chapitre 2 : Le Pardon, Clé de la Purification

1. Le pardon est le moyen par lequel le cœur trouve sa purification. « Si vous pardonnez aux hommes leurs offenses, votre Père céleste vous pardonnera aussi », dit Jésus.

2. Le pardon n'est pas facile, mais il est essentiel pour ceux qui désirent être purifiés. « Pardonnez, et vous serez pardonnés », dit le Seigneur.

3. Dans Éphésiens 4:32, il est écrit : « Soyez bons et compatissants les uns envers les autres, vous pardonnant réciproquement, comme Dieu vous a pardonnés en Christ. »

4. La purification du cœur commence par l'acte de pardonner à ceux qui nous ont offensés, car c'est ainsi que nous imitons le Christ, qui a pardonné même à ses ennemis.

5. Le pardon purifie les relations et ouvre la voie à la guérison intérieure. Il chasse la haine et la rancune, donnant place à l'amour et à la paix.

6. « Que votre cœur ne soit pas amer, mais qu'il soit rempli de douceur, car le pardon est la première étape de la purification spirituelle.

Chapitre 3 : Le Lamentation et le Repentir

1. Le cœur pur ne peut être atteint sans un esprit de contrition. Ceux qui pleurent pour leurs péchés seront consolés.

2. « Repentez-vous donc et revenez à Dieu, afin que vos péchés soient effacés, et que des temps de rafraîchissement viennent de la part du Seigneur. »

3. Dans Actes 3:19, il est écrit : « Repentez-vous donc et convertissez-vous, pour que vos péchés soient effacés. »

4. Le repentir est un changement profond du cœur, un retournement vers Dieu, où nous confessons nos fautes et cherchons Sa miséricorde pour nous purifier.

5. Les larmes de repentance sont précieuses aux yeux de Dieu, car elles témoignent d'un cœur sincère qui cherche à être purifié.

6. « Venez, et ensemble nous allons raisonner, dit l'Éternel. Si vos péchés sont comme le cramoisi, ils deviendront blancs comme la neige. »

Chapitre 4 : La Sanctification Quotidienne

1. La purification du cœur n'est pas un événement unique, mais un processus quotidien. « Soyez saints, car je suis saint », dit l'Éternel.

2. Chaque jour, le croyant doit se sanctifier par la prière, la méditation de la parole et la soumission à l'Esprit. Il doit garder son cœur pur de tout mal, et lutter contre les tentations.

3. Dans 1 Pierre 1:15-16, il est écrit : « Mais, comme celui qui vous a appelés est saint, vous aussi, soyez saints dans toute votre conduite. »

4. La sanctification est l'œuvre du Saint-Esprit en nous. C'est Lui qui nous aide à marcher dans la vérité et à purifier nos pensées, nos paroles et nos actions.

5. « Ne vous conformez pas à ce monde, mais soyez transformés par le renouvellement de votre esprit, afin de discerner la volonté de Dieu, ce qui est bon, agréable et parfait.»

6. Le croyant sanctifié vit dans une constante remise en question et dans la recherche de la perfection spirituelle, toujours dirigé par l'Esprit de Dieu.

Chapitre 5 : La Garde du Cœur

1. « Garde ton cœur plus que toute autre chose, car de lui viennent les sources de la vie», dit le Seigneur.

2. Le cœur humain est une source de vie, mais aussi une source de tentations. Il doit être gardé pur et veillé avec diligence, car les pensées du cœur peuvent dévier l'homme du chemin de Dieu.

3. Dans Proverbes 4:23, il est écrit : « Garde ton cœur plus que toute autre chose, car de lui viennent les sources de la vie. »

4. Le croyant doit veiller à ne pas laisser des pensées impures pénétrer dans son cœur, car elles peuvent corrompre son âme et éloigner la paix de Dieu.

5. « Ne laissez aucune racine d'amertume s'enraciner dans votre cœur, mais vivez dans l'amour de Dieu et l'harmonie du Corps de Christ. »

6. La vigilance dans la prière, la lecture des Écritures et la communion fraternelle protège le cœur et le garde pur.

Chapitre 6 : La Purification Par la Parole de Dieu

1. La Parole de Dieu est un puissant agent de purification. « Vous êtes déjà pur à cause de la parole que je vous ai annoncée », dit Jésus.

2. La parole de vérité pénètre le cœur et le purifie, révélant les ténèbres et transformant les pensées et attitudes.

3. Dans Jean 15:3, il est écrit : « Vous êtes déjà purs, à cause de la parole que je vous ai annoncée. »

4. Le croyant doit se nourrir de la Parole tous les jours, car c'est elle qui purifie son cœur et le prépare à servir Dieu dans la sainteté.

5. « Votre parole est une lampe à mes pieds et une lumière sur mon sentier », dit le psalmiste. La Parole de Dieu éclaire le chemin du juste et l'aide à marcher dans la pureté.

6. Que la Parole soit la source constante de purification, de guérison et de transformation pour chaque croyant.

LE LIVRE DE L'UNITE FRATERNELLE

Chapitre 1 : L'Appel à l'Unité

1. « Voici, oh ! qu'il est agréable, qu'il est doux pour des frères de demeurer ensemble dans l'unité ! » dit l'Éternel.

2. L'unité est un commandement divin, non une option. Le Seigneur appelle Son peuple à vivre ensemble dans la paix, dans l'amour et dans l'harmonie.

3. Dans Psaume 133:1, il est écrit : « Voici, qu'il est bon et agréable que les frères vivent ensemble dans l'unité. »

4. L'unité est essentielle pour la construction du Corps de Christ. Ce n'est que dans l'unité que la gloire de Dieu se manifeste pleinement, que l'Église marche dans la victoire.

5. « Là où deux ou trois sont assemblés en mon nom, je suis au milieu d'eux », dit Jésus. L'unité dans la prière attire la présence de Dieu.

Chapitre 2 : L'Amour, Fondement de l'Unité

1. L'amour est la base de toute unité. « Aimez-vous les uns les autres, comme je vous ai aimés », dit le Seigneur.

2. Dans Jean 13:34, il est écrit : « Je vous donne un commandement nouveau : Aimez-vous les uns les autres ; comme je vous ai aimés, vous aussi aimez-vous les uns les autres. »

3. L'amour est ce qui unit les croyants dans une fraternité parfaite. Il efface les divisions, les rancœurs et crée une communauté solide et bien fondée.

4. L'amour ne se limite pas à des mots, mais se manifeste par des actions concrètes, un soutien mutuel et la volonté de se servir les uns les autres.

5. Dans 1 Jean 4:7, il est écrit : « Bien-aimés, aimons-nous les uns les autres, car l'amour est de Dieu ; et quiconque aime est né de Dieu et connaît Dieu. »

6. Ce n'est que dans l'amour véritable que l'unité peut s'épanouir, pour que le monde croie que Christ est venu et que Son amour est réel.

Chapitre 3 : L'Esprit d'Humilité et de Service

1. « Le plus grand parmi vous sera votre serviteur », dit Jésus. Celui qui veut être élevé doit d'abord s'abaisser et servir les autres.

2. L'humilité est la clé de l'unité. Quand chacun se place au service des autres, en cherchant l'intérêt du corps de Christ, l'unité se renforce.

3. Dans Philippiens 2:3-4, il est écrit : « Ne faites rien par esprit de dispute ou par vaine gloire, mais que l'humilité vous fasse regarder les autres comme étant au-dessus de vous-mêmes, que chacun de vous ne cherche pas son propre intérêt, mais celui des autres. »

4. L'humilité est un reflet du cœur de Christ. En nous abaissant, nous manifestons l'esprit de notre Seigneur qui s'est fait serviteur de tous.

5. Le service est le fondement de toute vie chrétienne. Ceux qui servent dans l'humilité bâtissent des ponts d'amour et de compréhension dans l'Église.

Chapitre 4 : L'Unité dans la Diversité

1. L'Église est composée de membres différents, mais chacun est essentiel au bon fonctionnement du Corps. Chaque croyant, quelle que soit sa fonction, est important et précieux.

2. Dans 1 Corinthiens 12:12-14, il est écrit : « Car, de même que le corps est un, bien qu'il soit composé de plusieurs membres, et que tous les membres du corps, bien qu'ils soient nombreux, ne forment qu'un seul corps, ainsi en est-il de Christ. »

3. La diversité des dons, des talents et des personnalités dans l'Église est une richesse. C'est dans cette diversité que l'unité trouve sa force, quand chaque membre contribue à l'œuvre de Dieu selon le don qu'il a reçu.

4. L'unité ne signifie pas uniformité, mais complémentarité. Chacun doit respecter et honorer la place de l'autre dans le corps.

5. « Il y a diversité de dons, mais c'est le même Esprit. Il y a diversité de ministères, mais c'est le même Seigneur. »

6. L'unité dans la diversité reflète la nature même de Dieu, qui est à la fois un et multiple, Père, Fils et Saint-Esprit.

Chapitre 5 : La Réconciliation, Clé de l'Unité

1. La réconciliation est l'œuvre du Christ. Il est venu pour réconcilier l'homme avec Dieu et les hommes entre eux.

2. Dans 2 Corinthiens 5:18, il est écrit : « Tout cela vient de Dieu, qui nous a réconciliés avec lui par Jésus-Christ, et qui nous a donné le ministère de la réconciliation. »

3. L'unité est impossible sans réconciliation. Quand il y a division, il est essentiel de rechercher la paix et de restaurer les relations brisées.

4. Le chrétien doit vivre dans l'esprit de réconciliation, cherchant toujours à rétablir l'unité là où il y a des tensions ou des conflits.

5. Dans Matthieu 5:24, Jésus dit : « Si donc tu présentes ton offrande à l'autel, et que là tu te souviennes que ton frère a quelque chose contre toi, laisse là ton offrande devant l'autel, et va d'abord te réconcilier avec ton frère. »

6. La réconciliation est un acte volontaire de cœur, porté par l'amour et le pardon, afin que l'unité de l'Église soit maintenue.

Chapitre 6 : La Victoire de l'Unité

1. « Là où l'Esprit du Seigneur est, il y a liberté », et là aussi il y a l'unité. Quand l'Église est unie, elle est invincible.

2. Dans Jean 17:21, Jésus pria : « Afin que tous soient un, comme toi, Père, tu es en moi, et moi en toi, afin qu'eux aussi soient un en nous, pour que le monde croie que tu m'as envoyé. »

3. L'unité dans l'Église est un témoignage puissant pour le monde. C'est par l'unité que le monde verra que nous sommes les disciples du Christ.

4. L'unité est aussi un moyen par lequel la gloire de Dieu se manifeste sur Terre. Dans l'unité, l'Église accomplit la mission divine qui lui a été confiée.

5. « Là où deux ou trois sont assemblés en mon nom, je suis au milieu d'eux », dit Jésus. C'est dans l'unité que Sa présence est manifestée de manière palpable.

6. La victoire de l'unité est celle du Corps de Christ, qui grandit, se fortifie et multiplie les témoins de la vérité et de l'amour de Dieu.

LE LIVRE DE LA VIE NOUVELLE EN CHRIST

Chapitre 1 : La Nouvelle Naissance

1. « En vérité, en vérité, je te le dis, à moins qu'un homme ne naisse de nouveau, il ne peut voir le royaume de Dieu » (Jean 3:3).

2. La nouvelle naissance est un acte divin qui se produit par l'œuvre du Saint-Esprit. C'est Lui qui, comme un souffle de vie, régénère l'âme du croyant, le rendant capable de recevoir la lumière de Dieu et de comprendre les mystères spirituels.

3. Jésus dit : « Ce qui est né de la chair est chair, et ce qui est né de l'Esprit est esprit » (Jean 3:6). L'Esprit de Dieu est la source de cette naissance spirituelle, car sans Lui, nous demeurons dans l'obscurité et la mort spirituelle.

4. Par le Saint-Esprit, l'homme est fait « participant de la nature divine » (2 Pierre 1:4), c'est-à-dire qu'il reçoit une nature spirituelle, pure et renouvelée, capable de vivre selon la volonté de Dieu.

5. « Si quelqu'un est en Christ, il est une nouvelle créature ; les choses anciennes sont passées, voici, toutes choses sont devenues nouvelles » (2 Corinthiens 5:17). Cette transformation est rendue possible uniquement par l'action régénératrice du Saint-Esprit.

6. Le baptême dans l'Esprit est un sceau de cette nouvelle naissance, marquant une séparation du passé et une entrée dans un chemin de sainteté et d'obéissance à Dieu.

Chapitre 2 : La Vie dans l'Esprit

1. « Ceux qui sont conduits par l'Esprit de Dieu sont fils de Dieu » (Romains 8:14). La nouvelle vie ne peut être vécue pleinement que par l'action et la direction du Saint-Esprit.

2. L'Esprit est l'enseignant par excellence. C'est Lui qui révèle la vérité de la Parole de Dieu à nos cœurs. « Mais l'Esprit de vérité, quand il viendra, vous conduira dans toute la vérité » (Jean 16:13).

3. L'Esprit de Dieu est celui qui nous donne la force de vivre selon les principes du royaume de Dieu. « Ce n'est pas par la puissance, ni par la force, mais par mon Esprit, dit l'Éternel des armées » (Zacharie 4:6).

4. La présence du Saint-Esprit en nous est ce qui nous permet de vivre une vie chrétienne victorieuse. « Si vous vivez selon la chair, vous mourrez ; mais si par l'Esprit vous faites mourir les actions du corps, vous vivrez » (Romains 8:13).

5. Par l'Esprit, nous pouvons témoigner de Christ avec puissance, et c'est Lui qui produit en nous les fruits de l'Esprit : amour, joie, paix, patience, bonté, bienveillance, fidélité, douceur, maîtrise de soi (Galates 5:22-23).

6. Il est notre consolateur, celui qui nous fortifie dans nos moments de faiblesse et qui nous rappelle les promesses de Dieu. Il nous donne aussi l'assurance que nous sommes enfants de Dieu et héritiers du royaume céleste (Romains 8:16).

Chapitre 3 : La Liberté en Christ

1. « C'est pour la liberté que Christ nous a libérés » (Galates 5:1). Cette liberté n'est pas seulement la délivrance du péché, mais aussi la liberté d'être conduits par le Saint-Esprit, qui nous libère des contraintes de la chair et des systèmes du monde.

2. La liberté en Christ, par le Saint-Esprit, nous libère de toute forme d'esclavage spirituel. L'Esprit nous permet de vivre non seulement selon la volonté de Dieu, mais aussi dans la joie, la paix et la plénitude qu'il procure.

3. « Car où est l'Esprit du Seigneur, là est la liberté » (2 Corinthiens 3:17). En effet, le Saint-Esprit nous affranchit de la loi du péché et nous invite à vivre dans la liberté des enfants de Dieu, non pas dans l'égarement, mais dans la vérité.

4. La liberté chrétienne n'est pas un appel à l'anarchie ou à l'indépendance, mais à une vie totalement soumise à Dieu, libre du péché et des passions humaines, et consacrée à l'obéissance à la Parole.

5. Cette liberté en Christ est aussi une liberté intérieure, celle qui vient de la paix que l'Esprit donne, une paix qui surpasse toute compréhension (Philippiens 4:7), et une sécurité intérieure qui permet au croyant de se tenir fermement dans l'armure de Dieu.

6. Par l'Esprit, nous sommes capables de manifester une vie chrétienne qui honore Dieu, non par des efforts humains, mais par la puissance de l'Esprit, qui nous rend capables d'accomplir ce que la chair ne peut pas.

Chapitre 4 : La Vie de Sainteté

1. « Soyez saints, car je suis saint » (1 Pierre 1:16). Cette exigence de sainteté n'est pas simplement un appel moral, mais un appel à vivre sous la direction et l'action du Saint-Esprit, qui purifie l'intérieur du croyant et le sépare du péché.

2. La sainteté chrétienne est rendue possible par l'œuvre du Saint-Esprit. « C'est lui qui nous purifie de tout péché et nous sanctifie dans la vérité » (Jean 17:17). C'est en étant remplis de l'Esprit que nous devenons de plus en plus semblables à Christ.

3. L'Esprit nous convainc de péché et nous pousse à la repentance. C'est Lui qui nous guide dans la vérité et nous fortifie pour résister aux tentations et marcher dans la pureté.

4. « Car Dieu ne nous a pas appelés à l'impureté, mais à la sanctification » (1 Thessaloniciens 4:7). Cette sanctification est le fruit de l'œuvre continue du Saint-Esprit, qui œuvre en nous pour purifier notre cœur et notre esprit.

5. La sainteté est une œuvre commune entre Dieu et le croyant. Dieu, par son Esprit, agit en nous, mais nous devons aussi collaborer, marcher dans l'Esprit et refuser les désirs de la chair (Galates 5:16).

6. La vie chrétienne est marquée par l'aspiration à une perfection spirituelle, non dans l'orgueil ou l'autosuffisance, mais dans la dépendance totale à Dieu et à son Esprit.

Chapitre 5 : L'Appel à la Nouvelle Mission

1. « Allez, faites de toutes les nations des disciples, les baptisant au nom du Père, du Fils et du Saint-Esprit » (Matthieu 28:19). Cette mission est un mandat donné à l'Église, mais c'est par l'Esprit que nous pouvons accomplir ce grand appel.

2. C'est par l'Esprit que les chrétiens reçoivent la puissance pour témoigner de Christ. « Vous recevrez une puissance, le Saint-Esprit survenant sur vous, et vous serez mes témoins » (Actes 1:8).

3. La mission de l'Église n'est pas juste un appel au témoignage verbal, mais à un témoignage vécu, transformé par la puissance de l'Esprit, qui change le cœur du croyant et le rend capable de faire des disciples.

4. « Le Saint-Esprit sera votre Consolateur et vous rappellera tout ce que je vous ai dit » (Jean 14:26). C'est l'Esprit qui guide l'Église, qui inspire les prédicateurs et qui fortifie les croyants dans leur mission.

5. Par l'Esprit, l'Église doit être une lumière dans le monde, démontrant l'amour de Dieu par des actions concrètes et en portant la vérité de l'Évangile à tous les peuples.

6. La mission chrétienne est une œuvre collective dans laquelle chaque croyant, empli du Saint-Esprit, joue un rôle essentiel dans l'accomplissement du plan de Dieu pour le salut du monde.

Chapitre 6 : La Promesse de la Vie Éternelle

1. « Cette vie est en son Fils » (1 Jean 5:11). La promesse de la vie éternelle est liée à la communion avec le Christ et à la transformation par le Saint-Esprit, qui nous garantit la résurrection et la vie éternelle.

2. L'Esprit est l'agent qui scelle cette promesse en nous. Il est notre garantie de l'héritage céleste. « Celui qui nous a établis avec vous en Christ et qui nous a oints, c'est Dieu, qui nous a aussi scellés et qui a mis dans nos cœurs les arrhes de l'Esprit » (2 Corinthiens 1:21-22).

3. Le Saint-Esprit est le témoin intérieur de notre espérance et de notre salut. Il nous donne l'assurance que, bien que nous vivions dans un monde déchu, nous avons une place préparée dans les cieux.

4. La vie éternelle n'est pas une simple prolongation de la vie terrestre, mais une vie pleine de gloire, de joie et de communion parfaite avec Dieu, dans laquelle l'Esprit nous accompagnera pour toujours.

5. « Car l'Éternel est l'Esprit ; et là où est l'Esprit du Seigneur, là est la liberté » (2 Corinthiens 3:17). Dans l'éternité, l'Esprit sera notre guide dans la présence de Dieu, nous donnant une connaissance parfaite et une communion parfaite avec le Père et le Fils.

6. La vie éternelle en Christ est l'aboutissement de l'œuvre du Saint-Esprit, qui nous transforme et nous conduit dans la gloire éternelle.

LIVRE : "LA VIE DANS L'ESPRIT"

Chapitre 1 : La Présence du Saint-Esprit dans l'Adversité

Verset 1 :

"Et voici, au milieu des tribulations et des épreuves, le Saint-Esprit se manifeste comme un consolateur et un guide, apportant la paix là où il n'y en a pas." (Jean 14:16)

Verset 2 :

"Dans vos ténèbres, il éclaire vos chemins. Dans vos faiblesses, il est votre force. Et dans vos pleurs, il est la source de votre consolation." (Romains 8:26)

Verset 3 :

"Ne cherchez pas la paix dans les choses visibles, mais dans la présence invisible de l'Esprit qui restaure l'âme." (Philippiens 4:7)

Chapitre 2 : Le Fruit de l'Esprit

Verset 1 :

"Quand l'Esprit de Dieu habite en vous, il fait croître en vous ce fruit précieux : l'amour, la joie, la paix, la patience, la bonté, la fidélité, la douceur et la maîtrise de soi." (Galates 5:22-23)

Verset 2 :

"Le fruit de l'Esprit n'est pas produit par l'homme, mais par l'Esprit lui-même, en ceux qui se soumettent à sa conduite." (Jean 15:5)

Verset 3 :

"Il n'y a pas de loi contre ce fruit, car là où l'Esprit règne, il transforme le cœur, et ce cœur devient un reflet de la pureté divine." (Galates 5:23)

Chapitre 3 : La Puissance de l'Esprit dans la Mission

Verset 1 :

"Recevez la puissance de l'Esprit pour être mes témoins dans le monde entier, et que vos paroles ne soient pas les vôtres, mais les miennes." (Actes 1:8)

Verset 2 :

"Il vous guidera dans toute la vérité, et par lui vous accomplirez des œuvres plus grandes encore que celles que j'ai faites." (Jean 14:12)

Verset 3 :

"Quand l'Esprit se manifeste, la parole devient vie, et les cœurs s'ouvrent à la vérité qui les délivre." (Actes 2:4)

Chapitre 4 : L'Unité dans l'Esprit

Verset 1 :

"Car il y a un seul corps, un seul esprit, comme vous avez été appelés à une seule espérance." (Éphésiens 4:4)

Verset 2 :

"L'Esprit unit ce que les hommes divisent, et dans l'Esprit, il n'y a ni juif, ni grec, ni homme, ni femme, mais tous sont un dans le Christ." (Galates 3:28)

Verset 3 :

"Que l'amour fraternel demeure parmi vous, et que l'Esprit de paix vous guide dans l'unité, pour que vous soyez un témoignage vivant de l'œuvre de Dieu." (Philippiens 2:2)

Chapitre 5 : La Vie Sanctifiée par l'Esprit

Verset 1 :

"Sanctifiez-vous, car je suis Saint, dit l'Éternel, et c'est par mon Esprit que vous serez rendus saints." (1 Pierre 1:16)

Verset 2 :

"Tout ce qui est né de Dieu triomphe du monde, et cette victoire qui triomphe du monde, c'est votre foi, nourrie par l'Esprit." (1 Jean 5:4)

Verset 3 :

"Ne vivez plus selon la chair, mais selon l'Esprit, qui vous guide et vous transforme à l'image de Christ." (Romains 8:9)

LIVRE : "LA VOIE DU SERVITEUR"

Chapitre 1 : Appel à Servir dans l'Humilité

Verset 1 :

"Le plus grand parmi vous sera votre serviteur. Car celui qui s'élève sera abaissé, et celui qui s'abaisse sera élevé." (Matthieu 23:11-12)

Verset 2 :

"Jésus, ayant connu toutes choses, prit un linge et se ceignit pour laver les pieds de ses disciples, leur enseignant que le service véritable ne se fait pas avec des paroles, mais dans l'humilité de l'action." (Jean 13:4-5)

Verset 3 :

"Car c'est en servant que vous trouverez la véritable grandeur, et celui qui rend service à son frère rend hommage à Dieu." (Marc 9:35)

Chapitre 2 : La Vie de Sacrifice

Verset 1 :

"Si quelqu'un veut venir après moi, qu'il se renie lui-même, qu'il prenne sa croix et me suive." (Matthieu 16:24)

Verset 2 :

"Le sacrifice d'une vie donnée pour Dieu et pour l'autre est plus grand que toute offrande, car Dieu regarde le cœur, non les apparences." (1 Samuel 16:7)

Verset 3 :

"Je vous le dis en vérité, ce n'est pas celui qui cherche à être servi, mais celui qui sert, qui trouvera le royaume de Dieu." (Luc 22:27)

Chapitre 3 : Le Service dans l'Amour

Verset 1 :

"Tu aimeras ton prochain comme toi-même, c'est là le plus grand commandement et celui qui englobe toute la loi." (Matthieu 22:39)

Verset 2 :

"L'amour véritable n'est pas dans des paroles ou des gestes visibles, mais dans un cœur humble et prêt à servir sans attendre de retour." (1 Corinthiens 13:3)

Verset 3 :

"Que tout ce que vous faites soit fait dans l'amour, car l'amour couvre une multitude de péchés et rend le service agréable aux yeux de Dieu." (1 Pierre 4:8)

Chapitre 4 : Le Service dans la Souffrance

Verset 1 :

"Car à ce sujet vous avez été appelés, parce que Christ aussi a souffert pour vous, vous laissant un modèle, afin que vous suiviez ses traces." (1 Pierre 2:21)

Verset 2 :

"Il n'y a pas de plus grand amour que de donner sa vie pour ceux que l'on aime." (Jean 15:13)

Verset 3 :

"Dans la souffrance, l'âme se purifie et le cœur s'élargit pour accueillir la grâce de Dieu, transformant ainsi chaque épreuve en une opportunité de servir." (Romains 5:3-4)

Chapitre 5 : Le Serviteur et l'Appel à la Mission

Verset 1 :

"Allez, faites de toutes les nations des disciples, les baptisant au nom du Père, du Fils et du Saint-Esprit, et enseignez-leur à observer tout ce que je vous ai prescrit." (Matthieu 28:19-20)

Verset 2 :

"Ce n'est pas vous qui m'avez choisi, mais moi je vous ai choisis et je vous ai établis afin que vous alliez et que vous portiez du fruit, et que votre fruit demeure." (Jean 15:16)

Verset 3 :

"Le service de Dieu ne se limite pas aux chrétiens, mais s'étend à toutes les nations, car chacun doit entendre l'appel de l'Évangile." (Actes 13:47)

LIVRE : L'ÉGLISE QUI SERA ENLEVÉE – UN CRI D'AMOUR

Chapitre 1 : Une Église Sans Tache Ni Ride – Une Épouse Aimée

"N'est-il pas écrit : 'Le Seigneur se présentera une Église glorieuse, sans tache ni ride'? Mais où est cette Église aujourd'hui ? Vous bâtissez des temples, vous érigez des institutions, mais le Seigneur ne cherche pas un édifice de pierre, Il cherche un peuple sanctifié, uni dans Son amour.

L'Église qui sera enlevée est celle qui a appris à aimer comme Lui. Ce n'est pas une Église de rites, mais une Église de cœur. Car le plus grand commandement est : 'Aime le Seigneur ton Dieu de tout ton cœur, de toute ton âme et de toute ta force, et aime ton prochain comme toi-même.'

C'est par l'amour que l'Épouse se prépare, c'est par l'amour que l'Église est rendue pure."

Chapitre 2 : Le Cri de Minuit – L'Appel de l'Époux

"Il est écrit : 'À minuit, un cri retentit : Voici l'époux, sortez à sa rencontre !' Mais qui entendra ce cri ? Beaucoup dorment dans l'illusion de leur propre justice, pensant être prêts alors qu'ils sont sans huile. Et quelle est cette huile, sinon l'amour du Père répandu dans les cœurs par le Saint-Esprit ?

L'Église qui sera enlevée est celle qui a appris à aimer non pas en paroles, mais en actes. Elle ne juge pas, elle ne condamne pas, mais elle marche dans la vérité et la compassion. Car il est écrit : 'C'est à l'amour que vous aurez les uns pour les autres que tous reconnaîtront que vous êtes mes disciples.'"

Chapitre 3 : L'Épreuve du Feu – L'Amour Éprouvé

"N'est-il pas écrit que 'l'œuvre de chacun sera éprouvée par le feu' ? Beaucoup prétendent être de l'Église de Christ, mais leur amour est éteint. Lorsqu'ils sont blessés, ils abandonnent. Lorsqu'ils sont persécutés, ils se vengent. Mais l'Église véritable est celle qui aime même ses ennemis, qui pardonne, qui bénit.

C'est l'amour qui fait tenir dans l'épreuve. Car l'amour ne périt jamais. Ceux qui seront enlevés seront ceux qui ont su aimer jusqu'au bout, comme le Maître les a aimés."

Chapitre 4 : Ceux qui n'entreront pas – Le Manque d'Amour

"'Seigneur, Seigneur, n'avons-nous pas prophétisé en Ton nom ? N'avons-nous pas chassé des démons ?' Mais le Seigneur leur répondra : 'Je ne vous ai jamais connus.' Pourquoi cela ? Parce qu'ils ont recherché les signes et les miracles sans rechercher l'amour.

L'Église qui sera enlevée est celle qui aura compris que sans amour, tout le reste n'est que bruit. Car même si nous avons la foi pour déplacer les montagnes, si nous n'avons pas l'amour, nous ne sommes rien. L'Église de Christ n'est pas seulement une Église de puissance, c'est une Église d'amour."

Chapitre 5 : Un Appel au Réveil – L'Amour Qui Réveille

"Ceci est un avertissement et un cri d'amour : 'Réveille-toi, toi qui dors !' Car l'Époux revient chercher une Épouse qui L'aime plus que tout. Non pas une Église remplie d'œuvres mortes, mais une Église vivante, vibrant de Son amour.

Levez les yeux et préparez vos cœurs, car l'Église qui sera enlevée est celle qui a laissé l'amour du Christ la transformer totalement. Ce n'est pas la peur du jugement qui la pousse, mais le désir brûlant d'être unie à son Bien-Aimé. 'Viens, Seigneur Jésus !' crie-t-elle, et l'Esprit et l'Épouse disent : 'Viens !'"

LIVRE : "LE DERNIER APPEL"

Chapitre 1 : L'Église et la Dernière Époque

"L'Église, mon peuple bien-aimé, tu étais une lumière parmi les nations, mais aujourd'hui, tu te fais éclipser par l'ombre de la corruption et du compromis. Je connais ton travail, tes sacrifices, mais je vois aussi ta tiédeur. Tu as abandonné ton premier amour et as ouvert ta porte à des idoles et à des doctrines d'hommes. Il est encore temps de revenir à moi, mais prends garde, car le temps est court. Beaucoup diront : 'Seigneur, Seigneur,' mais seuls ceux qui auront marché dans ma vérité, ceux qui auront vécu dans la lumière, entreront dans mon royaume. Ouvre tes yeux, Église ! Le monde te juge et attend que tu brilles encore. Repens-toi avant qu'il ne soit trop tard."

Chapitre 2 : Les Anges Veilleurs

"Regardez, mes anges, ceux qui sont envoyés pour veiller sur vos âmes, sont attristés. Ils pleurent en silence en voyant la déviation de ceux qui se disent mes enfants. Ces anges, dans leur dévouement, pleurent pour vous, pour l'Église qui s'éloigne de la voie. Ils sont témoins de vos luttes, de vos péchés secrets, mais ils ont foi en vous, car ils savent que vous avez encore la possibilité de revenir à moi. Écoutez leurs murmures dans vos cœurs, ces avertissements invisibles que je vous envoie par l'Esprit. Vous ne pouvez fuir ce que vous êtes devenus, mais vous pouvez changer."

Chapitre 3 : La Création Témoigne

"La terre, mes enfants, est mon œuvre. Elle a été créée pour vous nourrir, vous élever et vous rappeler ma gloire. Mais elle gémit sous le poids de vos iniquités. Les montagnes tremblent, les mers déchaînées, les animaux souffrent. La nature elle-même, que j'ai donnée comme témoin de ma bonté, se révolte contre l'immoralité de l'homme. Vous êtes responsables de ce désordre. Vous avez détourné la beauté que j'ai créée pour la souiller. Revenez à moi, et vous verrez que la terre fleurira à nouveau, que le ciel sera pur, que mes bénédictions se répandront sur vous comme la pluie."

Chapitre 4 : La Grande Question

"Je vous pose cette question, Église : quelle est l'Église que je viendrai enlever ? Est-ce celle qui se cache derrière des murs de pierres ou celle qui vit dans la vérité de mon amour ? Vous vous prétendez ma lumière, mais où est votre feu ? Où est la pureté de vos actions ? Combien d'entre vous se sont laissés séduire par les faux prophètes, les faux enseignements, les faux espoirs ? L'Église que je prendrai n'est pas une Église qui se cache dans les compromis. Elle est celle qui persévère dans la vérité, qui ne se laisse pas influencer par les tempêtes du monde, mais qui marche, même seule, dans ma lumière."

Chapitre 5 : Le Dernier Jugement

"Vous serez jugés, non pas par les hommes, mais par moi, le Dieu qui vous a créés. Tout ce que vous avez fait dans l'ombre, tout ce que vous avez laissé dans vos cœurs, tout cela sera révélé. Je suis juste dans mes jugements. Je connais vos luttes, vos peurs, mais aussi vos fautes. Vous ne pouvez échapper à ma justice, mais sachez que ma grâce est encore là. Ne vous laissez pas tromper par les apparences. Il est encore temps de vous repentir, de revenir à moi de tout votre cœur. Car le jour viendra où je séparerai les vrais de ceux qui prétendent être. Mais sachez-le, seuls ceux qui auront gardé ma parole, qui auront tenu fermement à la vérité, seront accueillis dans mon royaume."

"LE TEMPS DE LA PURIFICATION"

Chapitre 1 : Le Feu de la Purification

"Église bien-aimée, mon corps, ma fiancée, je t'ai aimée de tout mon cœur, mais tu t'es éloignée de moi. Tu t'es laissée séduire par les vanités du monde et par tes propres désirs. Ainsi, je t'enverrai le feu de la purification, non pas pour te détruire, mais pour te purifier, pour te rendre à moi. Ce feu brûlera tout ce qui est impur en toi, et tout ce qui te sépare de ma sainteté sera consumé. Ce n'est pas une punition, mais un acte de miséricorde, car je veux te préparer pour ma venue. Le feu éprouvera tes œuvres, et seul ce qui est pur subsistera."

Chapitre 2 : La Déviation des Cœurs

"Je vois tes cœurs, Église, et je vois les mensonges qui s'y cachent. Beaucoup d'entre vous se sont détournés de ma vérité pour poursuivre des doctrines humaines. Vous avez mis vos espoirs dans des rituels, des traditions et des inventions des hommes. Mais ces choses ne me plaisent pas. Je regarde ton cœur, et c'est là que je cherche la véritable adoration. La déviation des cœurs est la cause de ta chute. Vous vous êtes égarés, mais il n'est jamais trop tard pour revenir à moi. Ouvre ton cœur, laisse tomber tes faux semblants, et laisse ma vérité te transformer."

Chapitre 3 : Les Derniers Avertissements

"Je t'ai avertie, Église. Mes prophètes ont crié dans le désert, mes serviteurs ont exhorté, mes anges ont veillé. Mais tu n'as pas écouté. Tu as fermé tes oreilles et tes yeux. Maintenant, je t'envoie un dernier appel, un dernier avertissement. Ne regarde pas autour de toi, regarde-toi dans le miroir et vois ce que tu es devenue. Ne fais pas comme les autres qui ont rejeté ma parole. Entends ma voix maintenant, avant qu'il ne soit trop tard. Ne laisse pas l'indifférence te séduire, car celui qui est indifférent à ma parole périra dans ses péchés."

47

Chapitre 4 : La Révélation de l'Antéchrist

"Beaucoup vous parleront de paix et de sécurité, mais sachez qu'un esprit d'illusion est à l'œuvre. Vous serez confrontés à des faux-chrétiens, à des faux prophètes, à des mensonges déguisés en vérité. Un homme, l'homme du péché, l'Antéchrist, viendra sous de fausses apparences, et il séduira ceux qui ne sont pas enracinés dans ma parole. Il se présentera comme un messie, mais il n'est qu'un imposteur, un abominable rejet de ma vérité. Ne vous laissez pas tromper. Ceux qui me suivent en vérité ne seront jamais séduits par ses mensonges."

Chapitre 5 : L'Appel à l'Intégrité

"Je t'appelle, Église, à l'intégrité. C'est dans ta pureté, dans ton engagement à marcher selon ma volonté, que tu trouveras la force de surmonter les épreuves des derniers temps. L'intégrité ne se trouve pas dans des déclarations vaines ou dans une foi tiède, mais dans une vie entière consacrée à ma volonté. Regarde ce que tu es devenu, ce que tu as accepté dans ton cœur et dans tes actes. Ce n'est pas ce que j'ai semé en toi. Je t'ai donné ma parole, mes commandements, et je t'ai fait connaître mon Esprit. Ne me laisse pas triste en rejetant ce que je t'ai donné."

Chapitre 6 : La Résurrection des Cœurs

"Il y a encore de l'espoir. Même au milieu de l'obscurité, je viendrai pour raviver ceux qui sont morts dans leurs péchés. Les cœurs brisés seront réparés, les vies dévastées seront restaurées. Mais il faut que tu reviennes à moi, que tu cherches ma face. C'est une œuvre de transformation, et je t'appelle à ce changement. Le Saint-Esprit, mon souffle, est là pour te renouveler. Si tu ouvres ton cœur à lui, il te donnera la force de te relever, de marcher à nouveau dans ma lumière. La résurrection n'est pas seulement pour le corps, mais pour l'âme et l'esprit. Ne doute pas, car je suis avec toi, toujours prêt à te restaurer."

Chapitre 7 : Le Royaume qui Vient

"Ce n'est pas la fin, mais un commencement. Mon royaume ne sera pas un royaume de pierres et de statues, mais un royaume vivant, où je règnerai dans les cœurs de ceux qui m'ont suivi. Ce royaume est préparé pour ceux qui ont persévéré dans ma vérité, ceux qui ont gardé leur lampe allumée. Ce royaume est là, à portée de main, mais pour y entrer, il faut être pur, sanctifié par mon sang. Tu dois être prêt. Ce n'est pas un lieu de confort, mais un lieu de pureté, d'amour, de vérité. Si tu veux y entrer, laisse-moi te purifier, laisse-moi faire de toi un vaisseau digne de ma gloire."

LIVRE : "L'ÉGLISE DU RETOUR"

Chapitre 1 : Le Retour des Cœurs Sincères

"L'Église, dans son état actuel, est devenue un mirage pour beaucoup. Pourtant, ceux qui me cherchent de tout leur cœur, qui me recherchent dans la vérité et la pureté, trouveront une place au sein de mon royaume. Car je ne regarde pas les apparences, mais les cœurs sincères. Tu peux te cacher derrière des rituels, des apparences religieuses, mais je te connais, et je sonde les cœurs. Ceux qui auront le cœur pur et l'esprit droit seront prêts pour mon retour."

Chapitre 2 : La Voix de l'Esprit dans l'Église

"Ne méprisez pas les murmures de mon Esprit, ni les révélations qu'il vous accorde. L'Esprit Saint parle à travers ceux qui sont disposés à écouter, à travers ceux qui ont fait de la place pour lui dans leur vie. Ce n'est pas dans les grandes œuvres humaines que se trouve la gloire de l'Église, mais dans l'obéissance à l'Esprit, dans la soumission à sa guidance. Je viens non pas chercher un temple fait de mains d'hommes, mais des temples vivants, un peuple rempli de mon Esprit, celui qui est prêt à accueillir le Christ dans son cœur."

Chapitre 3 : La Séparation du Pur et de l'Impur

"Je viens pour séparer le pur de l'impur. Ce ne sera pas un acte de colère, mais de justice. Je viendrai pour purifier, pour séparer ceux qui marchent en vérité de ceux qui suivent des faux enseignements. Ce sera une séparation nette. Il ne sera plus possible de servir deux maîtres. La confusion prendra fin, et la vérité éclatera. Ceux qui ont pris soin de se sanctifier, qui ont veillé dans la prière, qui ont marché dans ma parole, seront sauvés, mais ceux qui se sont compromis avec le péché seront laissés."

Chapitre 4 : Le Retour du Juste Jugement

"Beaucoup se sont égarés, mais je ne suis pas un juge qui se laisse impressionner par les apparences. Le juste jugement viendra, et il ne sera pas basé sur les œuvres humaines ou sur les apparences extérieures, mais sur ce qui a été fait dans le secret. Je connais les pensées et les intentions de chaque cœur. Ce n'est pas la grandeur des actions qui importent, mais la pureté des intentions. Ceux qui m'ont servi dans l'humilité, dans le silence, sans chercher les honneurs des hommes, recevront leur récompense."

Chapitre 5 : La Gloire du Seigneur Se Révèle

"La gloire du Seigneur ne sera pas manifeste dans des miracles spectaculaires ou dans des démonstrations de force. Ma gloire se révélera dans le cœur pur, dans ceux qui m'ont suivi en toute humilité. Vous serez témoins de la transformation intérieure, du pouvoir de ma parole qui éclaire et vivifie les cœurs. Car, voyez-vous, la gloire de Dieu n'est pas faite de bruits et de feux, mais elle se manifeste dans le calme et la lumière. Quand ma gloire apparaîtra, elle sera vue de tous, mais elle résidera d'abord dans ceux qui m'ont suivi fidèlement."

Chapitre 6 : Le Regroupement des Brebis

"J'ai vu mes brebis errer, séparées, divisées, souffrant dans leur isolement. Mais je viendrai les rassembler. J'appellerai chacun par son nom, et ceux qui m'entendront reviendront dans mon troupeau. Le berger est toujours là pour ceux qui cherchent, pour ceux qui sont perdus. Même au cœur des ténèbres, je viendrai chercher ceux qui sont dans le besoin. Mon cœur ne se réjouit pas de la perte des âmes, mais de leur retour."

Chapitre 7 : Le Royaume des Cieux Est Prêt

"Ne vous laissez pas séduire par les biens de ce monde. Vous avez été appelés à un royaume qui ne se corrompt pas, qui ne s'éteint pas. Ce royaume est éternel, mais il n'est pas de ce monde. Ce monde passera, mais mon royaume restera. Tout ce que vous avez accumulé ici, tout ce que vous avez cherché sur la terre, sera éphémère. Mais ce que vous avez semé dans le royaume de Dieu portera des fruits éternels. Soyez prêts, car je viens bientôt chercher ceux qui ont vécu pour moi, ceux qui ont désiré ma venue."

LIVRE "L'ALIGNEMENT DES CŒURS"

Chapitre 1 : L'Attente Fidèle

"Vous êtes mon peuple, mes brebis, appelées à rester vigilantes. Le retour de l'Époux est imminent, et dans la nuit, il viendra. Ne soyez pas comme celles qui dormaient, mais réveillez-vous ! Veillez et priez, pour que vos lampes ne s'éteignent pas. Car ceux qui sont prêts entreront dans la salle des noces, et ceux qui sont endormis seront laissés. Ce n'est pas dans la facilité que vous entrerez, mais dans la vigilance. Que chaque âme soit prête, car je viendrai comme un voleur dans la nuit."

Chapitre 2 : L'Époux Viendra

"L'Époux est en route. Le monde entier attend ce grand jour, mais seuls ceux qui sont prêts entreront dans le festin. N'attendez pas dans l'inaction, mais préparez-vous dans la sanctification. Soyez sanctifiés dans votre cœur, dans votre esprit, et dans vos actes. Le ciel est prêt à s'ouvrir, mais il faut être sans tâche pour y entrer. Que ceux qui attendent se purifient, pour qu'aucune souillure ne les empêche d'entrer dans la joie du Seigneur."

Chapitre 3 : L'Appel à la Pureté

"Je vous ai appelés à la pureté. Ce monde est corrompu, mais vous, vous êtes appelés à être des instruments de pureté. Ne vous laissez pas séduire par les distractions de ce monde, car ce n'est qu'en demeurant purs que vous serez prêts à rencontrer l'Époux. Vous n'êtes pas faits pour les plaisirs éphémères, mais pour la gloire éternelle. Purifiez vos cœurs et préparez vos vies à cette rencontre divine."

Chapitre 4 : La Garde de la Vérité

"Dans cette époque de confusion, gardez la vérité. Ne soyez pas séduits par les faux prophètes, ne suivez pas ceux qui vous égarent. Vous connaissez la vérité qui est en moi. Ne vous laissez pas emporter par les vents de doctrines étrangères. L'Époux reviendra pour ceux qui ont gardé ma parole, pour ceux qui n'ont pas compromis avec le mensonge. L'Église fidèle, l'Épouse pure, est celle qui a su conserver ma vérité et la vivre jusqu'à la fin."

Chapitre 5 : Le Combien de Temps Encore ?

"Combien de temps encore, avant que vous soyez prêts ? Le temps presse. Ne tardez pas à vous réconcilier avec moi. Ne perdez pas une seule heure. Vous ne savez pas le jour ni l'heure de mon retour. Ne vous laissez pas distraire par les choses du monde. Cherchez-moi de tout votre cœur, de toute votre âme, et je me laisserai trouver. Le royaume des cieux appartient à ceux qui persistent dans la foi, dans la prière, et dans l'obéissance à ma volonté."

Chapitre 6 : Le Jugement Final et l'Appel à la Préparation

"Le jugement est sur le point de commencer. Tout ce que vous avez fait, toutes vos actions seront mises à l'épreuve. Soyez prêts à rendre compte. Ce ne sont pas les œuvres extérieures qui comptent, mais l'état de votre cœur. Mes enfants, je vous appelle à vous préparer pour le grand jour. Ce ne sont pas les apparences qui entreront dans le royaume, mais ceux qui auront purifié leur cœur et leur âme. Il est encore temps de vous réconcilier avec moi, de chercher ma face, de revenir à la vérité."

Chapitre 7 : La Grande Récompense

"Ne vous laissez pas décourager par les épreuves du monde. La souffrance que vous endurez n'est rien comparée à la gloire qui vous attend. Soyez fidèles, et la récompense sera grande. À ceux qui persévèrent dans la foi, qui restent fidèles, qui ne se compromettent pas avec le péché, je leur accorderai la couronne de vie. Et ils régneront avec moi dans mon royaume. Ce n'est pas pour les faibles ni pour les timides que j'ai préparé ce royaume, mais pour ceux qui auront enduré jusqu'à la fin."

Chapitre 8 : Le Retour du Seigneur, Tout Approche

"Le temps des promesses est venu. Tout ce que j'ai dit arrivera dans sa plénitude. Le ciel et la terre passeront, mais mes paroles ne passeront jamais. Ceux qui sont prêts recevront la bénédiction de l'entrée dans mon royaume, et ceux qui auront été fidèles jusqu'à la fin seront appelés bien-aimés, et ils entreront dans la gloire éternelle. Que votre cœur ne soit pas troublé, car celui qui m'attend dans la pureté et la vérité recevra la récompense."

LIVRE : LES VEILLEURS ET LE TEMOIGNAGE DE LA CREATION

Chapitre 1 : Les Veilleurs – Témoins du Déclin de l'Humanité

"N'est-il pas écrit que 'les cieux racontent la gloire de Dieu et l'étendue manifeste l'œuvre de ses mains' ? Mais qui écoute encore la voix des cieux ?

Depuis les temps anciens, les Veilleurs, ces anges établis pour observer et rapporter, ont vu l'homme s'éloigner toujours plus de son Créateur. Ils ont vu la chute avant le Déluge, ils ont vu la tour de Babel s'élever contre Dieu, ils ont vu l'endurcissement d'Israël et le rejet du Messie. Et aujourd'hui encore, ils voient l'Église se détourner, cherchant sa propre gloire plutôt que celle de Dieu.

Les Veilleurs pleurent, car l'iniquité a dépassé les limites et la révolte de l'homme est grande. L'Église corrompue ne cherche plus la sainteté, mais le compromis. Et pourtant, le Seigneur ne change pas : 'Soyez saints, car Je suis saint.'"

Chapitre 2 : La Création Gémit – Un Monde Souillé par le Péché

"'Toute la création soupire et souffre les douleurs de l'enfantement en attendant la révélation des fils de Dieu.' Ne le voyez-vous pas ?

Les forêts brûlent, les mers se déchaînent, les cieux se couvrent de ténèbres. Ce n'est pas seulement l'effet des mains de l'homme, mais un témoignage du ciel contre une génération rebelle. La nature elle-même pleure, car elle a été soumise à la vanité à cause du péché de l'homme. Mais elle attend le retour du Roi, celui qui restaurera toutes choses.

Car il viendra un temps où le loup habitera avec l'agneau, où la terre sera purifiée, où le chant des oiseaux remplacera le cri des nations en guerre. Mais avant cela, le monde devra traverser le feu du jugement."

Chapitre 3 : Les Signes Dans le Ciel et sur la Terre

"Le Seigneur a dit : 'Il y aura des signes dans le soleil, la lune et les étoiles, et sur la terre, des angoisses parmi les nations.' Regardez les cieux : les éclipses, les tempêtes, les tremblements de terre, tout crie que le temps est proche.

Mais l'homme moderne ne veut pas entendre. Il met son espoir dans la science, dans la technologie, dans l'économie, pensant que le progrès le sauvera. Mais ce qui est écrit s'accomplira, car 'les cieux et la terre passeront, mais mes paroles ne passeront point.'

Les Veilleurs voient, la création parle, mais qui écoutera ? Qui se lèvera pour proclamer que le Seigneur revient ?"

Chapitre 4 : L'Appel à Se Tenir Sur La Muraille

"'Je t'ai établi comme sentinelle sur la muraille, pour que tu avertisses mon peuple.' Où sont les veilleurs d'aujourd'hui ? Où sont ceux qui crient dans le désert : 'Préparez le chemin du Seigneur' ?

L'heure est avancée et la nuit vient. Il est temps que ceux qui ont l'Esprit de Dieu se lèvent et proclament la vérité. Car bientôt, celui qui doit venir viendra, et il ne tardera pas.

Ne soyez pas trouvés endormis comme les vierges folles, mais soyez prêts, les lampes allumées, car l'Époux approche."

LIVRE : L'ÉGLISE ET LE MYSTERE DE L'ENLEVEMENT.

Livre 11 : L'Église et le Mystère de l'Enlèvement

Chapitre 1 : Quelle est l'Église que l'Éternel Viendra Enlever ?

"N'est-il pas écrit : 'Ceux qui invoquent le nom du Seigneur s'éloignent de l'iniquité'? Mais aujourd'hui, plusieurs crient 'Seigneur, Seigneur' sans même le connaître.

L'Église que le Seigneur enlèvera n'est pas une institution humaine, mais un corps spirituel. Ce sont ceux qui marchent dans la sanctification, ceux qui portent la marque de l'Esprit, ceux qui n'ont pas souillé leurs vêtements. Car il est écrit : 'Sans la sanctification, nul ne verra le Seigneur.'

Beaucoup se croient à l'abri sous des traditions, des titres, des dénominations. Mais ce jour-là, plusieurs entendront ces paroles terribles : 'Je ne vous ai jamais connus. Retirez-vous de moi, vous qui pratiquez l'iniquité.'"

Chapitre 2 : Les Vierges Sages et les Vierges Folles

"Il en sera du Royaume comme de dix vierges qui prirent leurs lampes pour aller à la rencontre de l'Époux.

Cinq étaient sages, ayant de l'huile en réserve, et cinq étaient folles, pensant que la lumière du passé suffirait pour l'avenir. Mais quand le cri retentit à minuit – 'Voici l'Époux, sortez à sa rencontre !' – les folles réalisèrent qu'elles n'avaient plus d'huile. Et elles restèrent dehors.

Ce n'est pas d'avoir entendu la vérité une fois qui sauve, mais d'être rempli et dirigé par l'Esprit de Dieu chaque jour. Es-tu prêt, ou bien ton huile est-elle en train de s'épuiser ?"

Chapitre 3 : L'Avènement du Fils de l'Homme

"'Comme l'éclair part de l'orient et brille jusqu'à l'occident, ainsi sera l'avènement du Fils de l'Homme.'

Ce jour viendra soudainement. Il ne sera pas annoncé sur les chaînes d'information. Il ne sera pas reporté par les gouvernements. Mais en un instant, en un clin d'œil, le Seigneur viendra chercher les siens.

Deux seront dans un champ, l'un sera pris et l'autre laissé. Deux seront dans un lit, l'un sera pris et l'autre laissé. Car le Seigneur connaît les siens, et il vient comme un voleur dans la nuit pour ceux qui dorment, mais comme un Roi attendu pour ceux qui veillent."

Chapitre 4 : Fuir la Grande Tromperie

"'Alors paraîtra l'impie, celui que le Seigneur détruira par le souffle de sa bouche.'

Après l'enlèvement de l'Église, il restera une illusion. Un monde où les hommes penseront avoir trouvé la paix, une religion mondiale sans Christ, une société sans foi véritable. Et ils se courberont devant la Bête, car ils n'auront pas reçu l'amour de la vérité.

Mais à ceux qui entendront encore la voix du Seigneur, il restera un choix : accepter la vérité et être persécuté, ou suivre le mensonge et être perdu. Car il est écrit : 'Celui qui persévérera jusqu'à la fin sera sauvé.'"

LIVRE : LE REGNE DU FILS ET LA NOUVELLE CREATION.

Chapitre 1 : L'Avènement du Royaume

"Le septième ange sonna de la trompette, et il se fit dans le ciel des voix fortes qui disaient : 'Le royaume du monde est remis à notre Seigneur et à son Christ, et il régnera aux siècles des siècles.'

Le règne des hommes touchera à sa fin, et le Fils viendra établir Son règne de justice et de paix. Ceux qui l'ont rejeté pleureront, et ceux qui l'ont attendu se réjouiront. Car il est écrit : 'Le lion de Juda a vaincu.'"

Chapitre 2 : La Terre Restaurée

"'Je vis un nouveau ciel et une nouvelle terre, car le premier ciel et la première terre avaient disparu.'

La corruption, la douleur, la maladie et la mort ne seront plus. Le Créateur fera toute chose nouvelle, et ceux qui auront persévéré hériteront de ce que l'œil n'a jamais vu et que l'oreille n'a jamais entendu.

'Voici, la demeure de Dieu avec les hommes !'"

Chapitre 3 : La Nouvelle Jérusalem

"Elle descendra du ciel, ornée comme une épouse pour son époux. Sa lumière sera semblable à une pierre précieuse, pure comme du cristal.

Il n'y aura plus de temple, car l'Agneau et le Père en seront le sanctuaire. Il n'y aura plus de nuit, car la gloire de Dieu l'éclairera.

Et ses portes ne se fermeront point, car il n'y aura plus rien d'impur, ni mensonge, ni abomination. Seuls y entreront ceux qui sont inscrits dans le Livre de Vie."

Chapitre 4 : L'Éternité avec le Père

"Le temps ne sera plus.

Le dernier ennemi, la mort, sera anéanti.

Et ceux qui auront marché fidèlement avec Dieu seront appelés 'Ses fils et Ses filles'.

Plus de séparation. Plus de larmes. Plus de combats. Seulement la paix parfaite, dans la présence de Celui qui est, qui était et qui vient.

Ainsi s'accomplira la promesse éternelle : 'Je serai votre Dieu, et vous serez mon peuple.'"

LIVRE : L'APPEL FINAL

Chapitre 1 : L'Ultime Avertissement

"Le temps de la patience divine touche à sa fin.

Le monde se moque des prophéties, rejetant la vérité pour suivre ses propres désirs.

Mais il est écrit : 'Comme aux jours de Noé, ainsi en sera-t-il au retour du Fils de l'Homme.'

Les hommes mangeaient, buvaient, se mariaient, bâtissaient... et soudain vint le déluge.

Ainsi viendra le jour du Seigneur, comme un voleur dans la nuit."

Chapitre 2 : Sortez du Milieu d'Elle !

"'Sortez du milieu d'elle, mon peuple, de peur que vous ne participiez à ses péchés et que vous ne receviez ses plaies !'

La Babylone moderne est grande, séduisante, et nombreux sont ceux qui s'y attachent. Mais elle est déjà condamnée.

Quiconque aime ce monde plus que le Royaume perdra son héritage.

Ne cherchez pas refuge dans les forteresses humaines, mais dans l'ombre du Tout-Puissant."

Chapitre 3 : Le Dernier Cri de l'Esprit

"Le Saint-Esprit parle encore.

Il enseigne, il exhorte, il avertit.

Mais le temps vient où il se taira, et ceux qui n'auront pas écouté pleureront amèrement.

Aujourd'hui est le jour du salut. Demain ne vous appartient pas.

Entendez-vous l'appel ?"

Chapitre 4 : Celui qui a soif, qu'il vienne !

"Le Père étend encore ses mains.

'Que celui qui a soif vienne ; que celui qui veut prenne de l'eau de la vie gratuitement.'

L'invitation est lancée, mais bientôt la porte sera fermée.

Ne tardez pas. Ne remettez pas à plus tard.

Car il est écrit : 'Celui qui vient bientôt dit : Oui, je viens bientôt.'

Et le peuple de Dieu répondra : 'Amen ! Viens, Seigneur Jésus !'"

La Révélation est donnée. Le temps est proche. Qui écoutera ? Qui répondra à l'appel?

Gloire à Dieu !

VISION DE LA REVELATION DIVINE

_"Alors que je m'assis à la table, l'esprit embrouillé par les soucis et les luttes, je réfléchissais profondément à la manière de résoudre certains problèmes de maladie et de souffrance qui affectaient tant de vies. Mon esprit était dans une quête de réponses, cherchant une solution au-delà de ce que la médecine ou l'homme pouvait offrir.

Et soudain, sans crier gare, d'un battement de cœur, je me vis debout, comme hors de moi-même. Un étrange tiraillement m'attira, et je me retrouvai devant un autre moi, une version de moi que je n'avais jamais vue, mais que je connaissais comme une réalité cachée au fond de mon âme.

À cet instant, comme aspiré, un vortex sombre se forma devant moi, un trou noir qui semblait me convoquer, et je fus projeté à l'intérieur. Là, dans les profondeurs, une lumière éclatante se révéla, d'une pureté à nulle autre pareille. Une main, rayonnante de gloire, tendait vers moi, m'appelant à la rejoindre.

Je sentis alors la présence d'un veilleur, une entité lumineuse, qui m'attendait, m'observait avec une patience infinie, comme si chaque mouvement était minutieusement observé. Il ne dit rien au début, mais ses yeux brillaient d'une sagesse ancienne, comme un silencieux guide prêt à me montrer la vérité que j'étais venu chercher.

Avec calme, il me dit : 'Ne t'inquiète pas. Les solutions que tu cherches ne sont pas seulement dans ce que tu vois. Regarde au-delà. Ce que tu cherches dans la matière, la guérison, est déjà accompli dans le spirituel. La lumière t'attend, comme une clé de compréhension qui ouvrira tout.'

Je fus saisi par la profondeur de ses paroles. La lumière se fit plus intense et la main, maintenant proche, m'invita à saisir ce qui m'était offert. Tout était connecté dans l'invisible. La guérison, la paix, la vérité. Tout était déjà là, prêt à être révélé."_

_"Le ciel s'embrase, illuminant l'horizon d'un feu divin.

Une silhouette descend des marches d'un Royaume invisible, tenant dans ses mains un sablier.

Le sable s'écoule, lentement, inexorablement, marquant la fin du temps accordé aux nations.

Autour de lui, des êtres sans forme avancent, cherchant à le porter, mais c'est le vent qui s'empresse de le faire.

Un char, forgé de fer et de foi, descend avec lui.

C'est la foi des patriarches, des prophètes, de ceux qui ont tenu ferme,

de ceux qui n'ont jamais renié le Nom du Dieu Véritable.

Un chant s'élève, repris par des chœurs d'anges :

'Yevi bum kaval schei bitra visto.'

À mon côté, le veilleur murmure d'une voix grave :

'Il est prêt. Il arrive. Mais la terre est-elle prête ?'

Soudain, une autre voix, comme un tonnerre lointain, résonne dans mon esprit :

'Kïm valroúm setan mati jefa mirr nab trafiho.'

Et je comprends : Le diable a vu le pas du Maître de toutes choses, et il va précipiter ses plans.

Les ténèbres s'agitent, la terre tremble sous l'imminence de ce qui vient.

Mais au milieu de la lumière, une voix plus forte encore nous rassure :

'N'ayez pas peur. Vous n'avez plus rien à craindre. L'Œuvre a déjà été accomplie.

Gardez la foi. Restez debout. Le Jour vient, et il est proche.'"_

Vision du Nouveau Réveil

_"Je vis un grand nombre de jeunes, près de 7843, se levant en cette époque de transition. Ils étaient les nouveaux serviteurs de Dieu, choisis pour poursuivre l'œuvre que les pères dans la foi avaient commencée mais qu'ils n'avaient pas pu achever. Il y avait parmi eux bien plus de prophètes que d'apôtres et d'évangélistes, comme si l'appel prophétique avait été amplifié pour cette génération.

Ces jeunes serviteurs n'étaient pas seulement des messagers, mais des porteurs d'une nouvelle forme de lumière. Ils se tenaient dans la force de la mission divine, prêts à sacrifier et à œuvrer sans relâche. Parmi eux, je vis des femmes courageuses, portant des baffles dans les rues et les marchés, prêchant la parole de Dieu avec une audace impressionnante, repoussant les limites des traditions et des murs d'église pour annoncer la bonne nouvelle à tous.

La gloire de Dieu m'enveloppait, et une voix claire me parla, révélant trois ailes que ceux du nouveau réveil portaient :

1ère aile : La fidélité

'Ils ne se perdront pas', dit la voix. Cette première aile est celle qui leur permet de rester ancrés dans la vérité, quels que soient les obstacles, et de marcher dans une fidélité inébranlable à la mission divine. Rien ni personne ne les détournera de leur appel.

2ème aile : La force et la fougue de l'œuvre

La seconde aile est la puissance qui les anime. Elle est une énergie surnaturelle, une fougue ardente pour accomplir l'œuvre de Dieu sans crainte ni hésitation. Leur foi est plus grande que tout, et rien ne pourra stopper leur élan vers l'accomplissement des prophéties.

3ème aile : La couverture pour ceux qui les suivront

La troisième aile est celle de la protection divine. Elle s'étend sur tous ceux qui suivent ces serviteurs, offrant une couverture spirituelle pour les protéger contre les attaques et les déroutes. Ceux qui les suivent ne seront jamais seuls, car la grâce de Dieu les enveloppe."_

La Vision du Fil du Destin

_"Je ne voulais pas repartir. Mon désir était de rester, de contempler comment des oiseaux mystiques tissaient le fil du destin des âmes perdues. Je voulais voir tout le Royaume, comprendre les mécanismes divins qui régissent les chemins des êtres humains, et percevoir la sagesse infinie qui guide chaque mouvement. Mais alors, Eial, le veilleur qui m'avait accompagné dans cette vision, se tourna vers moi et me dit avec une douceur infinie :

'Tu reviendras sûrement bientôt, mais pour l'instant, il est temps de repartir. Va et écris ce que tu as vu. Le Maître aime ta plume et Henoc, l'ancien, accompagnera ton écriture.'

Ce fut dans ces paroles que je compris. Mon rôle était d'écrire, de témoigner de ce que j'avais vu, de relater ces visions et ces révélations. Non pas pour moi-même, mais pour tous ceux qui cherchent la vérité, pour tous ceux qui ont soif de comprendre ce qui se cache derrière le voile de l'invisible. Car il est écrit que chaque âme qui entend la vérité a un choix à faire. C'est là que réside le fil du destin – entre les mains de l'homme et la grâce de Dieu."_

La Vision du Sixième Ciel

_"Je me tenais devant un autre veilleur, imposant et silencieux. Son regard était froid, détaché du sort des hommes. Troublé par son mutisme, je demandai :

'Comment devrais-je t'appeler, mon ami ?'

Il ne répondit pas. Mais alors, *Yeiva El Rabim,* qui m'accompagnait, s'adressa à moi :

'Celui-ci a en horreur toute l'humanité. Il n'aime pas les hommes et il déteste la souffrance qu'a subie le Maître. Mais il n'a rien contre toi.'

J'étais au sixième ciel, là où se dessinent les projets divins, où l'Architecte des croquis sacrés façonne les temps et les circonstances sous le regard du Maître de l'univers. Je voulais en savoir plus, mais soudain, mon regard fut attiré par deux montagnes qui se touchaient comme un miroir.

Je ne comprenais pas. Alors *Eial* me dit :

'Pourquoi es-tu si curieux ? Toutes ces choses, tu les comprendras en leur temps. Mais d'abord, va avertir la terre que le sablier descend à grande vitesse. Nul ne connaît ni l'heure ni le jour, mais le Très-Haut parle souvent de minuit. Qui sait si ce n'est lui-même qui éveillera les autres ? Qu'ils ne dorment pas, car à minuit, je viendrai prendre leurs prières.'

Puis, une voix résonna comme un tonnerre, et un nom fut prononcé :

'Zebu, le fils du Royaume *d'Angartique,* ne laisse pas passer ceux qui sont faibles dans la foi ! Renforcez vos prières ! Le Consolateur est là, et l'Avocat parle en votre faveur.'

Alors, je posai la question qui brûlait mon esprit :

'Mais… ai-je vu deux trônes ?'

Eial rit doucement et répondit :

'Son Trône… même moi, je ne peux le voir. Il est bien au-dessus, et seuls ceux comme *Chavim* peuvent monter et accéder à sa Présence. Sanctifie-toi encore, car grâce à toi, moi aussi, je monterai. Je suis ton guide dans ce monde.'"_

Interprétation personnel et Impact

Cette vision apporte plusieurs révélations importantes :

1. **L'approche de la fin des temps :** Le sablier s'écoule, et l'appel à la vigilance devient urgent.

2. **Le rôle du sixième ciel :** Lieu de préparation des plans divins avant leur manifestation sur terre.

3. **L'importance de la sanctification :** L'accès à la présence de Dieu est réservé à ceux qui se purifient et persévèrent.

4. **L'intercession et le rôle des anges :** Certains veilleurs ont une relation ambivalente avec l'humanité, mais ils obéissent au plan divin.

Ainsi s'achève ce livre, non comme une fin, mais comme un commencement.

Gloire à Dieu !

CONCLUSION : L'APPEL A LA VERITE ET A LA PREPARATION

Je ne prétends pas être plus grand que ceux qui ont marché avant nous, comme Jean, Hénoc ou l'apôtre Paul. Ils ont vécu et écrit sous l'inspiration directe du Saint-Esprit, et leur sagesse demeure comme un phare lumineux dans l'obscurité de ce monde. Cependant, dans ce temps où l'Église traverse des épreuves et des dérives, je ressens profondément l'urgence d'un réveil, un appel à revenir à l'essentiel, à la vérité pure de l'Évangile.

Le doute et la confusion règnent, même parmi ceux qui se disent enfants de Dieu. Mais aujourd'hui, plus que jamais, il est impératif de croire avec conviction que ce réveil promis par les Écritures est déjà en marche. C'est une réalité qui ne peut plus être ignorée. Le Saint-Esprit, qui nous a été donné pour nous guider dans toute vérité, est prêt à visiter nos cœurs de manière nouvelle et puissante. Il cherche des âmes prêtes, des cœurs ouverts, des vies transformées par Sa présence.

Le monde court à sa perte, l'Église parfois semble divisée, mais il n'est pas trop tard. Ce que Dieu a promis, Il l'accomplira. L'heure du retour du Christ approche. La question n'est pas de savoir si ce retour arrivera, mais si nous serons prêts à Le recevoir comme l'Époux qui revient chercher Son Épouse fidèle.

Préparez-vous, frères et sœurs, à cette rencontre divine. Le Saint-Esprit travaille aujourd'hui dans nos vies, nous purifiant, nous guidant, nous instruisant. Il est le Consolateur, celui qui fortifie et prépare les cœurs pour l'avènement du Maître. Il nous appelle à éviter les compromis, à fuir la tentation du doute, et à vivre chaque jour dans la conviction que notre foi est la clé pour voir la gloire de Dieu se manifester.

Nous devons être comme des vierges sages, prêtes à recevoir l'Époux avec des lampes allumées, gardant nos vies remplies de Sa présence et de Sa vérité. Ne laissons pas le monde, ni ses séductions, nous distraire. Le Seigneur nous a appelés à une communion intime et profonde avec Lui, une communion qui nous prépare à vivre dans Sa gloire éternelle.

L'heure du retour est proche. Soyons prêts. Soyons fidèles. Car lorsque le Maître reviendra, Il cherchera une Église sans tache ni ride, une Église prête à Le recevoir dans la beauté de la pureté et de l'amour. Que chacun de nous se prépare à cette rencontre céleste, car elle est la plus grande promesse, la plus grande joie que nous puissions connaître.

Table des matières

Printed by Books on Demand GmbH, Norderstedt / Germany